AF267913

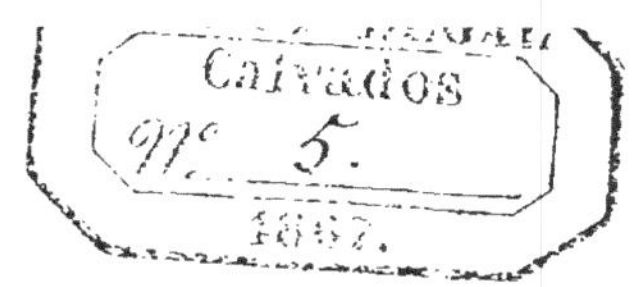

CHAMBRE DES CONFÉRENCES DES AVOCATS STAGIAIRES
PRÈS LA COUR IMPÉRIALE DE CAEN.

PROCÈS-VERBAL.

DE LA

SÉANCE DE RENTRÉE

PRÉSIDÉE

Par M. BAYEUX,

Chevalier de la Légion-d'Honneur,

BATONNIER DE L'ORDRE.

28 DÉCEMBRE 1866.

DISCOURS DE M. LE BATONNIER.

ESSAI SUR TRONCHET,

Par M. Georges COQUERET,

AVOCAT PRÈS LA COUR IMPÉRIALE.

CAEN,

TYPOGRAPHIE GOUSSIAUME DE LAPORTE,

Rue au Canu, 5.

1867.

PROCÈS-VERBAL

DE LA

SÉANCE DE RENTRÉE

PRÉSIDÉE

Par M. BAYEUX,

Chevalier de la Légion-d'Honneur,

BATONNIER DE L'ORDRE.

Le vendredi 28 décembre 1866, les Avocats stagiaires près la Cour impériale de Caen ont repris
leurs conférences pour l'année judiciaire 1866-1867.

La séance de rentrée était présidée par Me Bayeux,
chevalier de la Légion d'Honneur, bâtonnier, assisté
des membres du Conseil de discipline.

Monsieur le Bâtonnier, après avoir déclaré la
séance ouverte, a prononcé l'allocution suivante:

Mes chers Confrères,

En rouvrant ces Conférences, que je suis heureux et presque fier d'avoir créées chez nous dans le cours d'un premier Bâtonnat, vous ne vous étonnerez pas que mes premières paroles soient l'expression de ma très profonde gratitude envers tous les membres de notre Ordre, qui m'ont maintenu par leurs suffrages au nombre des membres du Conseil, et envers mes collègues de ce Conseil, qui m'ont appelé pour la troisième fois à l'insigne honneur de les présider, comme le *primus inter pares.*

N'attendez pas de moi une longue allocution ; déjà tant de fois on a exposé les droits et les prérogatives du barreau ; on a tant de fois et si souvent retracé ses devoirs et, le dirais-je, ses périlleux travaux, que, de ma part, il ne pourrait y avoir que de vaines redites ou des tableaux trop imparfaits.

Cependant il faut que je vous entretienne pendant quelques courts instants, et que ma bien vieille expérience hasarde quelques conseils qui, je le désire autant que je l'espère, porteront fruit.

Ces Conférences, que nous inaugurons aujourd'hui pour la présente année judiciaire, ne doivent pas être uniquement de vains tournois de parole. — Elles sont destinées à vous former, disons mieux, à vous briser aux luttes de l'audience; car, comme l'a si bien dit l'éloquent Bâtonnier du barreau de Paris, Mᵉ Allou, dans son discours prononcé à la solennité semblable à celle qui nous réunit: « *Le pre-* « *mier obstacle à vaincre, c'est l'émotion même de la parole* « *publique ; c'est une émotion redoutable, toujours redoutable* « *surtout quand elle peut, par ses défaillances, compro-* « *mettre la fortune du client, l'honneur, la vie d'un ac-* « *cusé.* »

Mᵉ Allou a tracé de main, je devrais dire de plume de maître, le tableau presque effrayant de l'orateur qui se lève seul au milieu d'un profond silence, au sein d'un auditoire quelquefois glacial, parfois même prévenu et peu bienveillant, et qui se voit le centre de toute attention, de tout examen.

Il est bien rare, en effet, que, même après un bien long exercice, un certain froid, une certaine inquiétude ne se glisse pas au cœur et que les premiers mots n'en subissent pas une sorte d'embarras..... Pour mon compte, je l'ai éprouvé bien des fois et j'ai compris l'hésitation au moment d'engager le combat; c'est, a dit encore Mᵉ Allou, *ce que Lacordaire appelait si bien les tourments de la parole publique.*

Il faut donc s'aguerrir pour pouvoir surmonter ce premier trouble, qui n'est pas sans charme pour l'auditeur, puisque c'est une espèce d'hommage qui lui est rendu.

La timidité du début une fois vaincue, la netteté et la concision sont deux lois qu'il faut toujours respecter. Les bons arguments n'ont pas besoin d'être délayés et répétés; ils frappent, ils saisissent par leur invincible puissance et il ne faut pas faire à ceux qui vous écoutent l'injure de penser qu'ils ne les comprennent pas. — Soyez toujours persuadés qu'ils doivent être au moins aussi forts, aussi savants que vous.

Gardez-vous surtout, mes jeunes Confrères, de la pyrotechnie de l'esprit; soyez toujours simples et vrais et n'admettez pas cette pensée que nos anciens auraient représenté la vérité toute nue, pour que chacun pût l'habiller à sa guise; ne nous assimilons pas, dans l'exercice de notre espèce de sacerdoce, les ruses, les finesses, disons mieux, les duplicités de la mauvaise foi.

Les bons exemples ne vous feront pas défaut; nous avons trouvé nos anciens, vous avez les vôtres; il y a eu, en effet, de tous temps, parmi les membres du barreau, une solidarité d'honneur et de talent que rien ne peut éteindre : ayons confiance dans cette solidarité qui fait notre gloire et notre force; ayons confiance dans l'avenir, dont un honorable passé nous répond.

Je voudrais finir là et ne pas abuser plus longtemps de votre bienveillante attention; mais il me reste un triste devoir à remplir.

Elle est longue et bien douloureuse, Messieurs, la colonne funéraire de notre barreau pour l'année qui vient de s'écouler : nous avons été bien cruellement éprouvés.

Ai-je besoin de rappeler à votre souvenir les noms de nos chers et bien-aimés confrères de Guernon-Ranville, Thomine-Desmazures, Trébutien, Castel et de Cauville-Lachesnée. — Déjà, et nous devons lui en rendre grâces, à l'audience de rentrée de la Cour impériale, l'éloquent avocat-général, M. Nicias-Gaillard, a payé un juste tribut d'éloges et de regrets à nos trois premiers confrères; s'il paraît avoir omis les deux autres, c'est bien certainement parce que leurs noms ne figuraient plus sur le tableau de notre Ordre; mais ils n'en laissent pas moins dans nos cœurs la mémoire de leurs précieuses qualités et la juste douleur de leur perte. — Il ne serait pas digne de nous que les plus grands noms, les plus grands talents que chacun proclame comme à l'envi, fissent laisser dans l'ombre, dans l'obscurité de l'oubli, ceux dont l'existence fut moins accidentée, mais que des vertus modestes recommandent et protègent. — Disons, avec le sage, de ceux que nous avons perdus, l'ami qui s'en va laisse un vide que rien ne peut remplir ; on peut lui succéder, on ne le remplace pas.

Le Conseil de discipline a aussi fait des pertes ; effectivement, indépendamment de la mort du si regretté M. Thomine, dont les dernières pensées ont été en faveur de ce barreau, qu'il a tant aimé et tant honoré, vous savez que MM. Demolombe et Feuguerolles, par l'effet de leur volonté, ne figurent plus parmi nous. — Je puis, certes, et nul de vous ne s'en étonnera, regretter vivement que nous soyons privés de leur concours, de leur expérience : espérons une riche compensation dans l'activité et la laborieuse jeunesse des nouveaux élus.

Je m'arrête, mes chers Confrères, pour ne pas vous priver plus longtemps d'entendre les paroles de l'orateur que vous avez choisi ; je n'ai pas la prétention de vous avoir fait un discours, mais en terminant je veux vous rappeler quelques paroles que prononçait, il y a peu de jours, notre si éloquent confrère, Me Jules Favre : restons toujours fidèles à la loi du devoir, en conservant au milieu de toutes les défaillances dont nous serions condamnés à être les témoins, le respect de notre conscience et l'indépendance de notre pensée. Gardons-nous surtout de justifier ce dangereux sophisme, que l'exercice de notre si belle profession nous obligerait à de continuelles transactions avec nos croyances les plus intimes, avec nos convictions les plus arrêtées.

Après cette allocution, accueillie par les plus vifs applaudissements, Monsieur le Bâtonnier a donné la parole à Me Georges Coqueret, avocat, qui s'est exprimé en ces termes :

ESSAI

SUR

TRONCHET.

———————✦————————

Monsieur le Batonnier,

Messieurs,

Mes chers Confrères,

Nulle source plus féconde d'enseignements que la vie de ces hommes qui, dans tous les temps, ont, par leurs vertus ou par leur science, illustré notre ordre. Plusieurs, nés dans une condition modeste, ont su, par leur génie, s'élever au premier rang ; admirable exemple du noble prestige exercé par l'intelligence. Un plus grand nombre, moins heureusement doués, sont arrivés, par la seule persévérance de leur travail, à tenir un rang égal à celui de leurs rivaux plus favorisés. Chez quelques-uns, mêlés aux luttes politiques, nous rencontrons le courage civil, sorte d'héroïsme souvent plus rare que la valeur militaire, dont il n'a pas les enivrements. Chez tous nous trouvons la probité, l'honnêteté, vertus dont la notion est aussi essentielle au véritable avocat que la science approfondie du Droit.

Un puissant intérêt s'attache pour nous à la recherche

de tels enseignements ; rien en effet ne peut mieux nous préparer à parcourir la carrière dans laquelle nous entrons, que l'exemple de ceux qui nous y ont précédés.

L'année dernière nous avons admiré dans Thouret à la fois le jurisconsulte profond, l'avocat habile, le défenseur chaleureux de nos libertés au sein de l'Assemblée constituante, le membre actif des comités chargés de préparer la réorganisation du pays.

Une pensée se dégageait de ce discours, si justement applaudi par vous, à savoir : que, dès le début de la crise révolutionnaire, le barreau, par les plus illustres de ses membres, exerça sur le mouvement des esprits une grande et légitime influence.

L'importance de cette idée, son intérêt au point de vue de l'histoire de notre Ordre, m'ont engagé à m'y arrêter moi-même.

J'essaierai de retracer devant vous la vie d'un homme justement célèbre que sa science suffirait à ranger parmi les jurisconsultes les plus fameux, s'il n'avait, en déployant des qualités politiques éminentes, acquis, comme homme d'État, une notoriété plus grande encore.

Tronchet (François-Denis), naquit à Paris, le 23 mars 1726 ; sa famille appartenait à ces classes intermédiaires qui, demeurées jusqu'alors étrangères à la corruption dont la cour et l'aristocratie presque tout entière donnaient un si triste exemple, tendaient à devenir le centre unique de cette activité morale et intellectuelle qui précéda et prépara la Révolution ; son père, avocat au Parlement de Paris, était justement considéré pour son intégrité, sa probité, sa science pratique du droit.

Dès son jeune âge, Tronchet fit preuve de remarquables aptitudes. Ardent au travail, dominé par le sentiment exclusif du devoir, il se distinguait à la fois par la sûreté de son jugement et par son intelligence vive et facile. Ses études furent brillantes. Son père le destinant au barreau voulut que par l'étendue et la variété de ses connaissances il fût à même d'y conquérir un rang distingué. De bonne heure, il l'initia par ses conseils à l'étude de la jurisprudence.

La science du droit ne reposait point alors, comme aujourd'hui, sur des principes uniformes. Dans les provinces méridionales, les lois romaines étaient encore généralement admises; les provinces du Nord, au contraire, étaient soumises au régime des Coutumes; ces dernières variaient elles-mêmes à l'infini, comme les usages dont elles n'étaient que l'expression écrite.

Sous la direction de maîtres habiles, le jeune Tronchet sut vaincre les difficultés que présentait l'étude de ces législations, différentes à la fois d'esprit et d'origine. Après avoir acquis de chacune d'elles une connaissance approfondie, il en étudia les rapports, recherchant les causes des profondes dissemblances qui les séparaient; cette étude comparative convenait surtout à son genre d'esprit, dont les qualités éminemment éclectiques ressortirent plus tard d'une façon si brillante. Elle fut l'origine de cette préférence singulière que, durant le cours de sa longue carrière, il ne cessa de montrer pour la législation coutumière; les principes généraux dont procédaient la plupart des Coutumes lui parurent, en effet, plus conformes au génie national. Il demeura convaincu qu'elles pouvaient, mieux que les lois romaines, répondre aux aspirations de notre société moderne. Aussi, plus tard, se déclara-t-il leur défenseur au sein de la commission chargée de préparer et de présenter au pays un Code de lois civiles.

J'anticipe malgré moi ; vous me pardonnerez, en pensant

combien fut glorieuse la fin de cette vie dont je commence à peine à vous raconter les débuts. L'esprit se reporte involontairement à cette époque où, touchant au terme de sa carrière, Tronchet, devenu législateur, a pu mettre à profit les longues et patientes études de sa jeunesse, l'expérience acquise durant sa carrière, pour doter le pays de lois dont la perfection égale la simplicité.

— Après ces études dont je viens de parler, Tronchet fut reçu avocat au Parlement de Paris ; il était alors âgé de vingt-six ans.

A cette époque, le barreau brillait d'un vif éclat. L'éloquence judiciaire tendait à se dégager de ces controverses arides, auxquelles pouvait donner lieu l'application des textes anciens, pour s'élever à la critique même de ces textes. L'idée de réforme domine la plupart des procès célèbres de ce temps.

On comprend quel intérêt puissant excitaient de telles luttes judiciaires, combien elles passionnaient et soulevaient l'opinion publique. L'avocat n'était plus, en effet, seulement le représentant d'intérêts purement privés ; il se faisait, à la barre des Parlements, l'écho de réclamations qui surgissaient de tous les rangs de la société et qui touchaient aux questions les plus élevées de l'ordre politique ou social. Aussi, jamais le barreau ne réunit-il un nombre plus grand d'hommes distingués par leur éloquence ou par leur savoir. Vous citerai-je les noms illustres dont s'enorgueillissait alors si justement notre Ordre ? — Au Parlement d'Aix, Siméon, Bigot de Préameneu, Pascal jouissaient d'une réputation méritée ; Portalis jeune encore s'essayait, en publiant un ouvrage *sur la distinction des deux puissances*, à cette œuvre immortelle du Concordat, à laquelle il eut plus tard la gloire d'attacher son nom ; son éloquence devait bientôt le mettre en présence du célèbre comte de Mirabeau, dans ce procès fameux que le fougueux orateur eut à soutenir devant le Parlement d'Aix, alors qu'il n'était encore connu que par les désordres de sa jeunesse. — A Grenoble, des hommes non moins illustres brillaient à la tête du barreau : Mounier, Barnave s'y préparaient aux grandes luttes de la Constituante. — A Toulouse, Barrière de Vieuzac se faisait déjà remarquer par cet esprit souple et insinuant qui fit de lui l'un des orateurs les plus influents de nos époques de trouble. — A Bordeaux, Vergniaud mûrissait son talent à l'école du célèbre président Dupaty, qui l'honorait d'une amitié toute particulière. — Thouret, à Rouen, figurait dignement à la tête de notre barreau normand, de tous temps renommé pour sa science et ses lumières.

Le barreau de Paris ne le cédait en rien à ses rivaux; Bergasse, Linguet, Loyseau de Mauléon, Gerbier, Target, pour ne citer que les plus illustres, s'y disputaient la palme de l'éloquence.—Tronchet, par la solidité et la rectitude de son jugement, par sa savante érudition parvint à s'élever au niveau de ces maîtres de la parole.

Ses débuts avaient été peu remarqués; sa voix était faible, sa parole voilée; l'exercice de la plaidoirie lui devint même bientôt à un tel point difficile qu'il dut y renoncer entièrement et se borner au travail de cabinet.

Le rôle de l'avocat consultant, moins brillant assurément que celui du défenseur chargé d'assurer par sa parole le triomphe définitif de la cause, n'est cependant pas moins utile; nous savons tous en effet quelle influence, souvent décisive, le conseil d'un maître expérimenté, pris au début d'une procédure, peut exercer sur son issue.

Tronchet ne tarda pas à acquérir dans ce genre de travail une incontestable supériorité. Son talent, dépourvu de ces mouvements spontanés qui conviennent surtout à la plaidoirie orale, mûrissait à l'étude ; ses vues toujours justes se développaient par la réflexion. Il savait alors les produire avec cette netteté d'expression, cette force de logique qui commandent la persuasion, parce qu'elles semblent ne pouvoir appartenir qu'à la vérité. Aussi les mémoires du jeune avocat firent-ils bientôt sensation au palais. On en admira le style à la fois concis et vigoureux, l'argumentation serrée. Les discussions de fait y étaient traitées avec ampleur ; les textes savamment commentés dénotaient une science profonde des origines et de la philosophie du droit.

La réputation de Tronchet ne cessa dès lors de grandir. Son nom devint populaire à l'égal de celui des avocats les plus accrédités ; son opinion avidement recherchée fit autorité près des magistrats.

J'ajoute un dernier trait. Le cabinet de Tronchet ne fut pas seulement assailli par les plaideurs. Plus d'une fois, on le vit s'ouvrir aux rivaux eux-mêmes du savant jurisconsulte. Les hommes éminents qui brillaient alors à la tête du barreau de Paris, n'hésitèrent pas à rechercher les conseils d'un confrère dont ils reconnaissaient la science supérieure. Ils aimèrent à lui soumettre les difficultés ardues dont se compliquaient alors la plupart des procès, demandant à sa froide raison de découvrir ou même de contrôler des arguments, qu'eux-mêmes, plus tard, à l'aide de leur parole brillante, développaient devant les magistrats.

Cet hommage, le plus complet et le plus désintéressé qu'il ait pu recevoir, établit entre Tronchet et d'autres membres du barreau, au premier rang desquels on doit faire figurer Gerbier, une intimité que jamais aucune mesquine rivalité ne vint troubler. Défiant en effet l'envie par la modestie de ses habitudes et par la douceur de son caractère, lui-même se montra toujours inaccessible à ce sentiment, triste mais ordinaire apanage des âmes étroites ou des talents bornés.

—Tel fut, Messieurs, le rôle de Tronchet durant 30 années.

Un événement que je ne rappelle qu'historiquement, vint un instant interrompre le cours de ses travaux ; je veux parler de l'exil du Parlement de Paris en 1770. Tronchet, dans cette circonstance, déploya une noble fermeté. Fidèle aux principes qu'il avait embrassés, il préféra sacrifier ses intérêts plutôt que de manquer à ses serments professionnels ; il s'abstint de toute fonction, cessa tout exercice pendant le temps où il crut que la nation était privée de ses véritables magistrats. Cette fermeté fixa sur lui tous les regards. Aussi, les Parlements ayant été rappelés, vit-il l'estime publique, la considération générale se replacer plus près de lui ; une sorte de respect universel vint l'environner, et ses fonctions qu'il avait si noblement suspendues, furent plus noblement encore reprises et continuées.

Cet événement fit ressortir une autre qualité de Tronchet. Après le retour des Parlements, il montra une indulgence égale à la fermeté qui avait accompagné son sacrifice, ne négligeant aucun effort pour rétablir l'harmonie entre ceux de ses confrères qui avaient imité son exemple et ceux qui s'en étaient écartés.

—La carrière judiciaire de Tronchet fut dignement couronnée par son élection. en 1787 et 1788, à la présidence du Conseil de l'Ordre.

C'est là que vint le surprendre le vote des électeurs de la ville de Paris. Le mandat de député aux États généraux, qu'ils lui conférèrent, en l'arrachant à son cabinet, à ses études, à ses clients, le transporta sur une scène plus vaste, que son ambition n'avait point rêvée, à la hauteur de laquelle il sut cependant toujours se maintenir.

—La vie politique de Tronchet comprend dix-sept années, de 1789 à 1806. Son nom se rattache à la plupart des événements mémorables qui s'accomplirent durant cette période.

Député aux États généraux, il arriva dans cette assemblée avec des idées sagement et libéralement conservatrices. Depuis longtemps il avait reconnu les vices du régime jusqu'alors en vigueur. L'inégalité soigneusement maintenue entre les différentes classes de la nation, ne pouvait convenir à son esprit simple et droit ; plus d'une fois, durant sa vie judiciaire, il avait eu l'occasion de s'élever contre des lois dont l'idée de privilége semblait exclusivement dominer les dispositions, et de proclamer l'urgente nécessité de réformes qui, rétablissant entre les classes et les individus une stricte égalité, répondissent aux réclamations dont tous les esprits éclairés de l'époque avaient pris l'initiative.

L'attitude de Tronchet au sein des États généraux et durant la Constituante ne cessa d'être conforme à ces principes.

Dès le début de ces assemblées, deux partis également extrêmes s'étaient trouvés en présence : l'un, composé presque exclusivement des membres de la noblesse et du clergé, voulait le maintien absolu des anciennes institutions, favorables surtout aux intérêts de ces deux ordres ; l'autre, se recrutant principalement dans les classes moyennes, s'élevait avec énergie contre ces mêmes institutions, et, voulant prévenir le retour des abus qu'elles avaient favorisés, poursuivait de ses vœux leur entière destruction. Tronchet, esprit éminemment modéré, se tint à égale distance de ces deux partis fanatiques, l'un de résistance, l'autre d'innovations. De bonne heure il fit partie de ce groupe intermédiaire dont les membres, partagés entre le désir de réaliser des réformes reconnues nécessaires et celui de sauver le principe monarchique, firent, pour concilier cette double idée, des efforts dont l'éphémère Constitution de 91 vint bientôt malheureusement démontrer l'inanité.

Les États généraux n'avaient pas tardé à perdre le caractère primitif de leur réunion. Le tiers-état, puisant dans l'énergie de ses convictions une force que doublait encore l'appui de l'opinion publique, ne voulut point condescendre à de simples doléances. Il voulut parler en maître, et, pour prix des sacrifices qu'on lui demandait, résolut de prendre l'initiative des réformes que lui-même proclamerait nécessaires. Cette transformation des États généraux en Assemblée nationale ne rencontra pas seulement la résistance aveugle et intéressée des anciens privilégiés ; elle fut l'objet, même au sein du tiers-état, de protestations isolées. Quelques députés s'élevèrent contre cette infraction à la mission qui leur avait été originairement confiée. Tronchet crut d'abord devoir s'associer à cette résistance. Imbu des règles strictes et le plus souvent absolues du droit, il croyait ne pouvoir s'écarter des termes de son mandat. Sa résistance ne fut pas du reste inutilement prolongée. Cédant au mouvement général des esprits, il fit taire des scrupules dont sa froide raison s'exagérait peut-être l'importance, pour ne plus obéir qu'aux inspirations d'un sage libéralisme. Depuis lors, il ne cessa de concourir par ses conseils éclairés, par sa haute expérience, aux plus utiles résolutions de l'Assemblée.

— L'œuvre de l'Assemblée nationale fut une œuvre à la fois de destruction et de réorganisation. Elle acheva d'effacer les derniers vestiges du régime féodal, et sur ses ruines jeta les bases d'une société nouvelle.

Tronchet assista plutôt qu'il ne concourut au renversement de l'ancien régime. Il n'était point en effet l'homme de la lutte ; son génie politique était surtout réparateur. Toutefois il fut loin de se montrer indifférent à un débat où sa modération ne lui permit de jouer qu'un rôle secondaire. Dans la nuit mémorable du 4 août 1789, il fut un des premiers à voter l'abolition des droits vexatoires qui, sous le nom de droits féodaux, écrasaient les campagnes. Il n'adhéra toutefois au projet qu'en proposant d'établir une distinction qui témoigne de son respect pour le droit de propriété.

Les droits féodaux étaient de deux espèces. Les uns constituaient de véritables servitudes, soit personnelles, soit réelles : tels étaient les services imposés par les seigneurs à leurs serfs et les tributs ou redevances dont un grand nombre de terres se trouvaient grevées. Le caractère servile de ces droits, qui, déjà depuis longtemps, étaient l'objet des plus vives attaques, les fit rejeter d'une voix unanime ; on en vota la suppression pure et simple. Mais, à côté de ces servitudes, il existait d'autres droits également appelés féodaux, quoique d'une nature bien différente : je veux parler *des rentes perpétuelles* qui étaient le prix auquel la noblesse avait jadis cédé aux cultivateurs une partie du territoire. L'Assemblée avait paru dans le principe n'attacher à ces droits qu'une importance secondaire ; un certain nombre de députés voulaient et proposaient l'abolition des droits féodaux en général. Tronchet combattit cette proposition. Il démontra que les rentes perpétuelles ne pouvaient être confondues avec les servitudes dont elles se distinguaient à la fois par leur origine et leur caractère. En les abolissant, on dépasserait évidemment le but ; on compromettrait, par une violation aussi regrettable qu'inutile du droit de propriété, l'œuvre de régénération à peine commencée.

Ces raisons parurent décisives. L'Assemblée se contenta de déclarer rachetables les rentes perpétuelles dont il s'agit.

Plus tard, Tronchet fit au nom du comité dit des droits féodaux, le rapport des lois destinées à consacrer, en la réglementant, cette décision.

La nuit du 4 août 1789 ne vit pas seulement l'égalité rétablie entre les classes et les individus; dans cette nuit célèbre, les villes et les provinces vinrent elles-mêmes, par l'organe de leurs députés, abdiquer leurs priviléges. Tronchet, au nom de la ville de Paris, donna l'exemple de ce sacrifice qui supprima entre les différentes parties du territoire de choquantes inégalités et permit, un peu plus tard, d'organiser les pouvoirs administratifs et judiciaires avec cette puissance d'unité dont nous admirons encore aujourd'hui les effets.

— Après avoir détruit, l'Assemblée, nous l'avons dit, se mit à l'œuvre pour édifier.

Tronchet fut de bonne heure appelé à faire partie du comité de constitution; il y siégea à côté de Thouret, de Target, de Sieyès, de Merlin.

Je n'essaierai pas, Messieurs, de le suivre sur ce nouveau théâtre où, par son expérience pratique, sa science et sa modération, il sut acquérir une influence souvent prépondérante. Il me suffira de dire qu'il concourut à la plupart des lois célèbres qui, successivement, organisèrent sur des bases nouvelles les pouvoirs religieux, civils et judiciaires. Je veux seulement appeler votre attention sur les travaux de Tronchet en ce qui concerne le droit de succession et la réforme judiciaire.

—Le droit de succession se lie d'une façon intime au droit de propriété, à la constitution de la famille et quelquefois aux institutions politiques. Dans l'ancien droit, dominé.

nous l'avons dit, par l'idée presque exclusive de privilége, il reposait sur des règles à la fois contraires à la liberté, à l'égalité. Après 89, il dut subir profondément l'influence des principes nouveaux proclamés par l'Assemblée nationale. — L'abolition des ordres religieux entraîna comme conséquence la suppression de l'incapacité de succéder qui, jusqu'alors, avait frappé les personnes entrées dans les ordres.—Un peu plus tard, l'Assemblée obéissant aux idées de philanthropie universelle, dont les meilleurs esprits semblaient alors se préoccuper, abolit les droits d'*aubaine* et *de détraction* et permit aux étrangers, sans aucune condition de réciprocité, de donner et recevoir en France, par tous les moyens qui y étaient autorisés.—La loi du 6 mars 1790, portant suppression des droits féodaux, effaça en même temps « les droits d'*aînesse* et de *masculinité*, à « l'égard des fiefs, domaines et alleux nobles » et ordonna le partage de toutes successions, sans égard à l'ancienne qualité noble des biens et des personnes.

La loi des 8 et 15 avril 1791, due en partie à l'initiative de Tronchet, vint couronner ces réformes partielles. L'article 1er pose le principe général de l'égalité dans les partages. Il abolit toutes inégalités résultant entre héritiers *ab intestat* des qualités d'aînés ou de puînés, de la différence des sexes ou des exclusions coutumières, soit en ligne directe, soit en ligne collatérale.

L'Assemblée eut à s'occuper de cette loi dans sa séance du 12 avril 1791. Elle hésitait à voter le projet, rédigé par le comité de constitution ; ce projet, relatif à la fois au principe de l'égalité dans les partages, au droit de tester, à la communauté des biens, à la majorité, etc., entraînait en effet la réforme de tout le droit civil.

Quelques députés s'armèrent de ce prétexte pour en demander le renvoi à une prochaine législature. Tronchet fit taire ces scrupules et proposa de distinguer entre les différentes dispositions soumises aux délibérations de l'Assemblée celles qui se rattachaient à la constitution. Cette distinction fut admise. La loi sur les partages se trouva naturellement placée au premier rang de celles dont la Constituante se réserva l'examen. Tronchet appuya fortement le principe de l'égalité absolue et proposa pour le formuler une rédaction aussi complète que précise qui fut définitivement adoptée.

— J'arrive, Messieurs, aux réformes judiciaires. L'ancienne organisation de la justice était depuis longtemps l'objet de vives et nombreuses attaques. La suppression des juridictions seigneuriales, l'abolition de la vénalité des charges prononcées dans la nuit du 4 août 1789, n'avaient pu satisfaire qu'imparfaitement l'opinion publique. Ces mesures, décrétées d'urgence, avaient été considérées comme le préliminaire de réformes plus complètes et plus radicales. D'autres abus en effet restaient à détruire : la confusion des divers pouvoirs, cause incessante des empiétements reprochés au corps judiciaire, l'existence de tribunaux et de délits privilégiés, la multiplicité des Cours souveraines ou Parlements, la longue échelle des appels, etc., etc. Le 24 mars 1790, l'Assemblée décréta, sur un rapport du comité de constitution, que l'Ordre judiciaire serait entièrement reconstruit.

Mon dessein n'est pas de vous faire assister aux longues discussions qui s'engagèrent à cette occasion. J'essaierai seulement de déterminer quel fut le rôle de Tronchet dans ce débat où, suivant l'expression d'un auteur, s'agitaient, comme conséquence de la bonne ou de la mauvaise organisation du pouvoir judiciaire, l'esclavage et la liberté des citoyens.

Deux questions furent principalement débattues : l'insti-

tution du jury et l'établissement, aux divers degrés de juri-
diction, de juges sédentaires.

Une fraction imposante de l'Assemblée réclamait l'établissement de jurés tant en matière civile qu'en matière
criminelle. Sieyès surtout se montrait l'ardent défenseur de
cette idée empruntée à la législation anglaise : l'institution
du jury serait, disait-il, la plus sûre garantie de l'impartialité des juges et dès lors assurerait le respect dû aux
décisions de la justice. Tronchet combattit vivement ce
système, qui pouvait séduire au premier abord, mais dont
son expérience pratique lui avait bien vite permis de saisir
les inconvénients. — En matière criminelle, où le fait domine presque exclusivement, l'institution du jury pouvait
être avantageuse. L'accusé, jugé par ses pairs, devait, en
effet, trouver dans leur impartialité, dans leur indépendance, toutes les garanties nécessaires à la liberté de sa
défense. Tronchet reconnut et proclama ces avantages et
dans cette mesure recommanda l'établissement du jury. —
En matière civile, au contraire, le jury lui parut tout à fait
impossible ; dans les procès civils, en effet, le fait et le
droit sont le plus ordinairement confondus. Il serait témé-
raire de vouloir les séparer ; ils se dominent et se commandent mutuellement. L'impartialité du juge n'est plus,
dès lors, une garantie toujours suffisante ; la science et
l'expérience du droit ne sont pas moins nécessaires. Tronchet développa ces considérations. Sa parole était celle de
l'expérience ; elle entraîna l'Assemblée, qui, le 30 avril
1790, décréta l'établissement du jury, mais seulement en
matière criminelle.

L'institution des juges sédentaires fut également l'objet
de vives discussions. Un certain nombre de députés, s'au-
torisant de l'exemple des lois anglaises, demandaient l'établissement de *juges d'assises*. Cette combinaison était

appuyée, au moins dans une certaine mesure, par Thouret. Tronchet en démontra les inconvénients : l'action de la justice doit être continue; elle doit exercer sur les justiciables une influence directe et permanente. — Ces raisons étaient décisives; on repoussa les *juges ambulants* comme contraires à la fois à la dignité et à l'action de la justice.

Je pourrais, Messieurs, m'appesantir sur ces discussions où Tronchet ne cessa de jouer un rôle considérable. L'institution du ministère public, le principe de l'élection des magistrats inscrit en tête de l'organisation nouvelle, l'établissement de juges d'appels et d'un tribunal suprême de cassation chargé de maintenir l'unité de jurisprudence, lui fournirent l'occasion de faire entendre des conseils remarquables par leur cachet de modération et par leur caractère éminemment pratique.

Je me contente de cette rapide analyse; en insistant davantage, je craindrais d'abuser de votre bienveillante attention.

— Tronchet reçut de précieux témoignages de l'estime et de la sympathie de ses collègues durant la Constituante. Les plus illustres orateurs aimaient à rechercher ses conseils. Mirabeau lui-même rendait hommage à la science aussi vaste que profonde de l'austère jurisconsulte. Un jour l'Assemblée, fatiguée sans doute d'une longue discussion, refusait d'entendre Tronchet; des murmures couvraient sa voix naturellement faible et voilée. Indigné de ce qu'il regarde comme un outrage à la science de Tronchet, Mirabeau se lève, et de cette voix puissante qui dominait les agitations de l'Assemblée : « Oubliez-vous, dit-« il, en s'adressant aux impatients, que M. Tronchet n'a « pas la poitrine aussi forte que la tête. » Un tel hommage rendu par le génie suffirait à la gloire de Tronchet. — A diverses reprises il fut élu président de l'Assemblée; ce honneur lui fut déféré dans une circonstance solennelle. Mirabeau venait de mourir; l'Assemblée, voulant honorer la mémoire du grand orateur, décida que ses restes mortels seraient inhumés au Panthéon. Elle voulut assister tout entière à ses funérailles. Tronchet, élevé la veille à la présidence, dut conduire ce grand deuil national.

Tronchet prit peu de part aux derniers travaux de l'Assemblée constituante ; sa fatigue était extrême. Il se contenta de donner son adhésion au projet de constitution; toutefois, le jugeant perfectible, il eut soin d'en voter la révision après deux législatures.

— Après la clôture de l'Assemblée, désireux de rester étranger aux luttes des partis, Tronchet se retira dans une petite propriété qu'il possédait aux environs de Paris dans la commune de Palaiseau. Il y demeura jusqu'au mois de janvier 1793. Les graves événements qui marquèrent cette période ne le laissèrent pas insensible. Il ne cessa de déplorer le fatal entraînement des partis et condamna hautement les excès qui souillèrent le triomphe de la cause populaire.

— Le procès de Louis XVI vint mettre fin à sa retraite volontaire et couvrir son nom d'un éternel honneur.

La Convention s'était érigée en haute Cour de justice et venait de citer à sa barre le monarque déchu. L'auguste prince, victime malheureuse de la fureur des partis, avait fait la demande de conseils pour l'aider dans sa défense. Cette demande ayant été favorablement accueillie, le roi désigna d'abord Target et Tronchet. — Target crut devoir refuser. « Parole sonore, mais âme pusillanime, dit à ce « sujet M. de Lamartine, Target s'effraya de paraître en « complicité avec la dernière pensée d'un mourant. Il « écrivit à la Convention une lettre d'excuses, dans laquelle « il écartait de lui une tâche à laquelle ses principes, di- « sait-il, ne lui permettaient pas de s'attendre. Cette fai-

« blesse, loin de le populariser, le rendit l'objet de la pitié
« de tous les partis. » — Tronchet comprit mieux ses devoirs. Le sentiment de son indépendance lui inspirait un
noble courage. Il accepta sans hésiter la mission périlleuse
qui lui était confiée et se déclara prêt à remplir auprès du
roi ce dernier ministère de dévouement et de salut. Desèze
et Malesherbes s'adjoignirent à lui.

Les trois défenseurs du roi se partagèrent le soin de
préparer la défense. Tronchet fournit les moyens de droit
et fut chargé d'établir le principe de l'inviolabilité. — Ce
principe, écrit en tête de la constitution de 1791, devait
paraître, en ce qui concerne Louis XVI, à l'abri de toute
discussion. La constitution de 91 en effet, dûment acceptée
par le roi, formait un véritable engagement synallagma-
tique, non moins obligatoire pour la nation que pour le
monarque. — On objectait que ce dernier ayant failli lui-
même à ses obligations, la valeur du contrat s'était trouvé
détruite. La réponse était facile, le défaut de réciprocité
dans l'exécution de l'engagement avait en effet été prévu
par l'acte constitutionnel et puni de la déchéance, c'est-à-
dire de la résolution du contrat existant entre la nation et
le roi. Cette déchéance ayant été prononcée contre Louis
XVI, le 10 août 1792, la mesure de pénalité possible contre
ce prince se trouvait dès lors épuisée.—La constitution de
91 n'avait pu, disait-on encore, stipuler l'inviolabilité royale.
Un tel engagement, constituant de la part de la nation une
renonciation à son droit inaliénable de souveraineté, se
trouvait entaché d'une nullité radicale. Ici encore on
pouvait répondre : Sans doute la nation n'a pu s'interdire
le droit de renouveler ses lois, mais à moins de donner aux
lois nouvelles un effet rétroactif, elle doit respecter les
droits acquis sous l'empire des lois antérieures. En
admettant qu'elle puisse décréter que les princes cesseront

à l'avenir d'être inviolables, elle ne saurait dans tous les cas, sans manquer à la justice, détruire l'inviolabilité stipulée pour le passé.

Ces arguments et d'autres encore dans le détail desquels je ne saurais entrer furent produits par Tronchet. Desèze, plus jeune et plus actif, se chargea de les développer devant la Convention.

Vous savez, Messieurs, quelle fut la triste issue de ce déplorable procès. La défense, condamnée d'avance à de stériles efforts, produisit cependant une vive impression ; plus d'une conviction fut ébranlée. La condamnation ne fut prononcée qu'à une faible majorité.

Les défenseurs de Louis XVI recueillirent d'universels témoignages d'estime et de sympathie. Leur courage, leur abnégation frappèrent les membres même de la Convention. Le 17 janvier, l'Assemblée, sur la proposition de Vergniaud, leur décerna les honneurs de la séance.—Le Roi, ne pouvant autrement reconnaître leurs soins et leur dévouement, leur consacra quelques lignes dans son testament. Ce souvenir leur parut à juste titre plus précieux que n'aurait été toute autre récompense.

—Après le procès de Louis XVI, Tronchet se retira de nouveau à la campagne, et chercha par l'étude des sciences et des belles-lettres à se distraire des impressions douloureuses que ce triste événement avait laissées dans son esprit.

Sa solitude fut un instant troublée. Sa conduite généreuse n'avait pas tardé à le rendre suspect ; on l'accusa de royalisme. Il allait être arrêté d'après les ordres du Comité de sûreté générale et traduit devant le Tribunal révolutionnaire ; des amis le prévinrent à temps. Il réussit à s'enfuir et, sans recourir à l'émigration qui blessait à la fois son cœur et ses principes, parvint, en se cachant, à se dérober aux poursuites dont il était menacé.

La journée du 9 thermidor mit fin à ses épreuves. Après la chute des terroristes, le nom de Tronchet cessa d'être proscrit. Il revint à Paris. Sa fortune modique ne pouvant en effet suffire plus longtemps aux besoins toujours croissants de sa vieillesse, il lui fallait chercher dans un travail que son âge avancé devait lui rendre pénible, l'aisance qui lui faisait défaut.

Tronchet rouvrit son cabinet de consultations. L'estime et la confiance universelles ne tardèrent pas à l'environner de nouveau. Chacun s'empressa de rendre hommage à sa science profonde : on voulut soumettre à son expérience les difficultés ardues que faisait naître en grand nombre l'application des lois transitoires alors en vigueur. Pour un temps, Tronchet put et dut se croire reporté aux plus belles années de sa vie judiciaire.

— Ces occupations furent de nouveau bientôt interrompues. La Convention allait faire place au Directoire. D'après la Constitution nouvelle, le pouvoir législatif devait être exercé par deux Conseils. Tronchet, désigné par les électeurs du département de Seine-et-Oise, s'assit au Conseil des anciens. Il y siégea pendant quatre années.

L'avantage de cette période sur celle dont on sortait ne fut pas tant, a dit un auteur, de décerner à la vérité son triomphe que de lui rendre la parole ; cet avantage ne fut pas moins réel. On s'éloigna insensiblement des exagérations nées de la première effervescence des esprits. Des lois plus sages consacrèrent des résultats plus durables.

Tronchet avait rencontré au Conseil des anciens Siméon, Barbé-Marbois, Tronson-Ducoudray, Malleville, Portalis. Une noble amitié ne tarda pas à l'unir à ces hommes généreux qui, demeurés jusqu'alors étrangers aux luttes politiques, contribuèrent, dans une large mesure, à assurer le triomphe des idées modérées. Il s'associa à leurs efforts, et ne dut qu'à la vénération que ses vertus et sa science inspiraient à tous les partis de n'être pas confondu dans leur proscription.

Tronchet ne cessa de prendre une part active aux travaux du Conseil des anciens, dont, à diverses reprises, il fut élu président. Sa longue expérience, son infatigable activité y furent signalées par de savants rapports. Je me borne à citer celui qui termina la longue controverse sur les domaines congéables et celui qui purgea la procédure par Jurès du subterfuge scandaleux de l'excuse intentionnelle.

—J'ai hâte, Messieurs, d'arriver aux événements qui marquèrent d'une façon si glorieuse la fin de cette vie, digne à tant de points de vue déjà de nos respects et de notre admiration.

Après le 18 brumaire, Tronchet avait été nommé premier président du Tribunal de cassation. Le premier consul Bonaparte, non moins apte à juger les mérites civils que les talents militaires, avait bien vite apprécié la science profonde et l'expérience consommée de l'éminent magistrat. Lorsqu'il voulut fonder sur un monument durable l'unité de législation, il n'hésita pas à le désigner pour présider la Commission chargée de rédiger un projet de Code civil.

La tâche des rédacteurs du Code était immense. Non-seulement il leur fallait concilier entre elles les législations différentes qui régissaient la France avant 89, dégager de chacune d'elles ce qu'elle pouvait avoir de conforme à l'esprit et au génie national, pour asseoir sur ces bases une législation unique ; cette œuvre déjà difficile se compliquait encore de la nécessité de mettre d'accord la législation nouvelle avec les principes proclamés durant la Révolution.

— Le projet rédigé par les soins de Tronchet, Bigot de Préameneu, Malleville et Portalis répondit à ces diverses exigences.

Deux principes, bases essentielles de toutes les réformes

entreprises depuis 89, en dominaient les dispositions. — *Le principe de liberté*. Toute institution pouvant participer du caractère des anciennes servitudes féodales est soigneusement écartée. — La famille est organisée sur des bases libérales. — *Le principe d'égalité*. Tous les citoyens sont égaux devant la loi ; — plus de priviléges résultant des anciennes qualités de nobles ou de roturiers. — Les registres de l'état civil, définitivement remis aux municipalités, le mariage civil, témoignent de l'égale sollicitude de l'État pour les différents cultes. — L'égalité forme également la base des partages ; tous les enfants, sans distinction d'âge ou de sexe, ont un droit égal au patrimoine de leurs ascendants, de même qu'ils avaient un droit égal à leur affection. Le droit de tester est accordé au père de famille comme sanction de sa puissance paternelle ; l'institution de la réserve en limite les effets et, en même temps qu'elle garantit l'enfant contre des entraînements irréfléchis, empêche qu'il ne soit porté de trop graves atteintes au principe de l'égalité.

Le projet se distinguait, d'ailleurs, par son caractère vraiment national. Les rédacteurs avaient, en effet, suivi de préférence les principes des Coutumes et fait de larges emprunts à nos lois municipales.—Toutefois, cette préférence pour le droit coutumier n'avait pas été exclusive d'essais souvent heureux de conciliation entre ses dispositions et celles du droit écrit.

—L'œuvre de la commission avait été achevée en quatre mois, du 24 thermidor an VIII au 1er pluviôse an IX. Les consuls prirent en cette occasion une mesure qui suffirait à prouver combien ils désiraient donner au pays une législation aussi parfaite qu'il était possible et conforme aux vœux de l'opinion publique. Avant d'être soumis au Conseil d'État, le projet fut adressé aux différentes Cours de justice, pour qu'elles en fissent l'objet de leur examen et de leurs critiques. Tous les citoyens furent également admis à présenter leurs observations. Un auteur a dit, fort justement à ce sujet, que toute la France avait pu concourir au Code sous lequel elle devait vivre.

La discussion du projet en Conseil d'État commença le 28 messidor an IX; elle se termina le 26 ventôse an XII, après avoir occupé cent deux séances.

Bien qu'étranger au Conseil d'État, Tronchet fut appelé à prendre part à ces réunions Son rôle y fut considérable. — A chaque page, pour ainsi dire, des travaux préparatoires, on rencontre le nom du grave et savant magistrat. Tantôt il explique et commente le texte présenté par la commission; tantôt il répond aux critiques soulevées par le projet. Sa parole toujours judicieuse éclaire et domine le débat. Tous les sujets lui sont également familiers; l'histoire et la philosophie du droit lui inspirent des considérations parfois éloquentes; il prévoit et résout, à l'aide de son expérience, les difficultés que pourra soulever l'application des théories nouvelles.

Les détails de cette longue et mémorable discussion échappent au cadre restreint de cette étude; je dois me contenter de ces rapides appréciations. Elles suffisent du reste à vous montrer comment et dans quelle mesure Tronchet concourut à la rédaction du Code civil. Son rôle en cette occasion fut aussi glorieux qu'utile; il aida puissamment à fonder l'unité de législation; en même temps il eut la gloire d'attacher son nom au monument législatif le plus parfait des temps modernes.

— J'arrive, Messieurs, au terme d'une tâche que votre bienveillance m'a rendue facile.

En 1801, Tronchet, présenté simultanément par le premier Consul, le Corps législatif et le Tribunat, fut nommé sénateur. Le premier Consul, en lui donnant son suffrage, rendit un éclatant hommage à sa science et à son caractère; il le proclama le premier jurisconsulte de France.

Au Sénat, Tronchet ne tarda pas à acquérir une grande et légitime influence ; plus d'une fois il eut l'occasion d'y faire entendre les accents de sa mâle raison. Ses collègues, suivant un contemporain, le considéraient comme une loi vivante.

Une maladie que rien ne faisait prévoir vint interrompre le cours de ses travaux. Après quelques jours seulement de souffrances, il mourut le 10 mars 1806. Pendant le cours de cette rapide maladie, Tronchet reçut un dernier et précieux témoignage de l'estime et de la sympathie universelles. Le Corps législatif décida que le bulletin de son état serait présenté et lu au commencement de chacune de ses séances.

J'aurais fini, Messieurs, si je ne voulais rendre, au nom de la Conférence, un dernier et public hommage à la mémoire de l'homme éminent dont l'Ordre tout entier déplore si vivement la perte.

La vie de M. Thomine-Desmazures est riche de ces enseignements dont je vous parlais au début de cette étude.

Son ardeur pour le travail ne se démentit jamais; le sentiment du devoir n'a jamais cessé de diriger ses moindres actions. Sa science du droit, aussi profonde qu'étendue, son expérience consommée, donnaient à ses conseils une autorité particulière.

M. Thomine a longtemps présidé la Conférence des avocats stagiaires. Nos devanciers dans cette enceinte se rappellent encore avec quelle sûreté de jugement, avec quelle bienveillance il dirigeait les séances.

Son nom, emblème de vertu, d'honneur et de science, comptera parmi ceux des maîtres illustres proposés à notre imitation.

Ce remarquable discours a été longuement et vivement applaudi.

Monsieur le Bâtonnier, au nom de la Conférence, a ensuite remercié Messieurs les Membres du Conseil de discipline, et l'on s'est séparé après avoir voté à l'unanimité l'impression du présent procès-verbal.

Liste des Membres de la Conférence des Avocats Stagiaires durant l'année judiciaire 1866-1867.

MM. CLÉMENT.
ROGER.
TROCHON.
COLLET-DESCOTILS.
DE LA SICOTIÈRE.
GRANDIN.
LEMALLIER.
LE CHEVALLIER.
DADIN.
LÉDEMÉ.
GROULT.
MÉZAISE.
DAGALLIER.
DUBOIS.
ZILL DES ILLES (Sosthène).
RACINE.
TOUTAIN (Paul).
HENRY (Edmond).
MÉRIEL.
LAUMONIER.
PERRIER.
BLANCHE.
AUMONT.
PELLERIN.

MM. DE LA FAVERIE.
TULLOU.
GROSSIN DE BOUVILLE.
LEGRIX.
HENRY (Léon).
RABEC.
HARDUIN.
LEFRANÇOIS.
DELAMARRE.
BEAUJOUR.
LEVÉ.
MALASSIS DE LA CUSSONNIÈRE.
LE ROUVILLOIS.
DESLAVIERS.
ROQUIÈRE.
TESSIER.
GAUGAIN.
GODEFROY.
BANASTON.
GUILLOUARD.
HOMMEY-LAFORTINIÈRE.
BÉNARD.
LEPRINCE.

990. —Caen, typ. Goussiaume de Laporte.